NOTICE

SUR

SAINT-GRAVÉ

PAR

LE GÉNÉRAL AUDREN DE KERDREL

VANNES

IMPRIMERIE LAFOLYE FRÈRES

2, Place des Lices, 2

—

1906

NOTICE

SUR

SAINT-GRAVÉ

NOTICE

SUR

SAINT-GRAVÉ

Le Général AUDREN DE KERDREL

VANNES

IMPRIMERIE LAFOLYE FRÈRES

2, Place des Lices, 2

1906

Saint Gravé *faisait jadis partie du Comté de Rieux;
dans un document de l'année 1516, compris dans le Car-
tulaire de l'Abbaye de Redon, cette paroisse est désignée sous
le nom de Sancta Gravida. Au seizième siècle cette appellation est constante; on la retrouve encore dans une lettre
de 1607, par laquelle l'Evêque de Vannes nomme un tré-
sorier à Saint-Gravé.*

*D'après une ancienne tradition, la fontaine qui est au sud
du bourg est appelée* fontaine de Sainte Gravée, *et a
toujours possédé, (ou possède) dans une petite niche, une
statue de la Sainte Vierge, mère du Sauveur Jésus-Christ.*

*Il semble probable que sainte Gravée, Sancta Gravida, est
l'appellation de la Vierge répondant à l'Ange qui lui an-
nonçait qu'elle allait être la Mère du Rédempteur :* « Fiat
mihi secundum Verbum tuum ! »

*Dans la suite des temps, sainte Gravée s'est transformée
en* saint Gravé, *sans qu'on puisse en indiquer la raison.*

*Il me semble difficile de résumer l'histoire de saint Gravé,
qui ne serait constituée que de documents très épars, à
partir du XV*e *siècle ; cette histoire se retrouvera dans les
divers Chapitres de cet opuscule, où il sera question de la
participation des Seigneurs du Brossais, de Cancoët.... aux
guerres civiles de la fin du XVI*e *siècle ; un chapitre spécial
traitera des faits relatifs à saint Gravé pendant la Révolution française.*

Nous croyons que la meilleure marche à suivre est de parcourir successivement les souvenirs relatifs :

1° A l'église de Saint-Gravé.

2° Au presbytère.

3° Aux chapelles et chapellenies.

4° Aux châteaux et aux familles qui les ont habités.

5° Aux guerres civiles de la fin du XVe siècle.

6° A la Révolution.

7° Aux monuments celtiques et ruines romaines.

Janvier 1905.

NOTICE SUR SAINT-GRAVÉ

ÉGLISE DE SAINT-GRAVÉ

L'ancienne église de Saint-Gravé était du XVIe siècle ; deux fenêtres en cintre brisé, meneaux en flammes, trilobes et quatrefeuilles aigus existaient au sud de la nef, et semblaient remonter au XVe siècle.

En 1860, on reconstruisit la chapelle du Rosaire et la sacristie ; celle-ci fut dotée en 1664 d'une croix en argent, qui existe encore.

Le portail fut refait en 1830 ; en 1864, la chapelle au nord du clocher, dite chapelle de *Sainte-Anne* (et précédemment chapelle des Montrets) fut reconstruite par M. Paul Audren de Kerdrel, du Brossais, et Mme Audren de Kerdrel, née de la Boëssière.

La chapelle du côté du midi, formant un des bras de la croix ou transept, portait le nom de chapelle du *Rosaire*, et appartenait jadis aux seigneurs *de Cancouët*.

En 1677, cette chapelle menaçait ruine ; un arrangement dût intervenir avec les seigneurs de Cancouët, pour que la nouvelle construction pût servir de réunion aux confrères du Rosaire. Les seigneurs de Cancouët gardèrent leurs droits anciens d'avoir un banc spécial, de se faire enterrer dans la chapelle ; ils devaient payer les réparations locatives, mais n'auraient aucun droit aux offrandes, réservées pour les dépenses et les besoins de la confrérie du Rosaire. La chapelle fut relevée aux frais des paroissiens. Au nord du transept, et contigue à la chapelle du Montrets, se trouvait la chapelle du Brossais, dite aussi chapelle du Sacré-Cœur.

Ces chapelles appartenaient aux seigneurs des paroisses qui les entretenaient avant la Révolution ; c'est ce qui explique le défaut d'unité dans beaucoup d'églises de campagne.

La nef ne tarda pas à se désagréger et à devenir la partie la plus détériorée de l'église ; on y pénétrait par une porte principale, située à l'ouest, et par une autre porte, précédée d'un porche, contre lequel était adossé l'ossuaire.

Le cimetière entourait l'église ; il a été remplacé en 1876 par un autre cimetière, situé à 400 mètres à l'est du bourg ; les terres de l'ancien cimetière ont été transportées en 1894 à la bifurcation des routes de Rochefort et de Malestroit. La croix de granit du cimetière y a été posée. Le terrain du nouveau cimetière fut donné par M. Paul de Kerdrel.

L'ancienne église de Saint-Gravé fut démolie pendant l'hiver 1899-1900, et remplacée par une église, dont le plan est dû à M. Le Diberder, architecte à Nantes. Sa construction dura près de deux ans, et coûta environ 100 000 francs ; elle fut consacrée par

Mgr Latieule, évêque de Vannes le 23 octobre 1901.

M. l'abbé Guilloux était recteur, et M. l'abbé Rocher, vicaire ; ils ont contribué par leur zèle à l'accomplissement de cette œuvre.

Une partie de la chapelle Sainte-Anne, reconstruite en 1864, resta seule de l'ancienne église.

L'extérieur du nouvel édifice est en granit et moëllon ; l'intérieur est en pierre blanche du Poitou. La décoration intérieure a été terminée en janvier 1905 par l'établissement d'une chaire en chêne sculpté.

Les frais de construction de l'église ont été couverts par des souscriptions faites dans la commune, par un versement de la fabrique, du conseil municipal (1 300 fr.), du conseil général du Morbihan (1 500 fr.). Le général de Kerdrel, du Brossais, et la vicomtesse de Kerdrel, née de Vassinhac d'Imécourt, ont apporté à cette œuvre un puissant concours.

L'église de Saint-Gravé possède une relique importante de sainte Constance (partie de l'os de la jambe). Elle fut donnée à Dinan, le 17 mai 1690, par M. l'abbé *Ernoult* à Mlle de *Ballavoine*, demeurant au château de Cancouet avec sa sœur Mme de la Coquerie.

Nous avons déjà signalé la très belle croix d'argent donnée à l'église de Saint-Gravé, en 1664, avec une lampe et un encensoir ; ces objets de valeur ont pu être cachés et sauvés pendant la Révolution, alors que le district de Rochefort-en-Terre (Roche des Trois), confisquait les objets du culte en argent, les cloches... etc.

C'est ici le lieu de donner la liste des recteurs de Saint-Gravé, autant qu'il a été possible de la rétablir, depuis 1660.

En 1472, Guillaume de la Pommeraye était recteur de Saint-Gravé. Il était en même temps recteur de Saint-Martin. Il fonda la chapellenie de Saint-Denis, à Saint-Gravé.

M. Jean Guillotin, 1660, démissionnaire en 1669, mort en 1673.

M. Pierre Dufresche administra les sacrements de 1660-1674.

M. Jean Thorel, 1669-1704, démissionnaire, mort en 1706.

M. Michelot, 1704-1731, nommé à Muzillac.

M. Moytel, 1731-1749, démissionnaire, meurt en 1750.

M. Franco, 1749-1784.

M. Pierre Le Thiec, 1784-1792, départ pour l'exil ; 1802-1812, meurt à la chapellenie de Saint-Denis.

M. Jean-Marie *Caillet*, 1812.

M. Cazet, 1831.

M. Digo, 1831-1851.

M. Valléaux, 1851-1862.

M. Leveaux, janvier 1863-1864, nommé recteur de Beignon.

M. Piéderrière, 1864-1868, nommé curé de la Trinité-Porhoët.

M. Jéhanno, 1868-1874.

M. Gloux, 1874-1898.

M. Guilloux, 1898.

C'est pendant qu'il était recteur de Saint-Gravé que fut bâtie la nouvelle église.

Avant de terminer ce chapitre, il est intéressant de rappeler que, jusqu'à la Révolution, on enterrait beaucoup dans les églises, la somme versée pour cette faveur n'étant que de 2 à 3 l. — C'était un abus qui finit en 1754 à Saint-Gravé. Les églises n'étaient pas pavées, sinon de quelques pierres tombales. L'église de Saint-Gravé ne fut pavée qu'en 1849, avec les pierres de pavage de l'église du couvent de Bodélio, données par M. de Kerdrel, acquéreur du couvent en 1847.

Le *Calvaire* fut élevé vers 1844, sur un terrain donné par acte testamentaire du 16 novembre 1842 par Jeanne Hémery, habitant Saint-Gravé ; le devis de la maçonnerie montait à 756 francs 93 centimes. Elle coûta 990 francs. La grille 184 francs.

Le christ du calvaire coûta 125 francs.

L'arbre et le christ furent renouvelés en 1889, par les soins de M. Roger de Kerdrel, lieutenant-colonel du service d'état-major.

Le *Chemin de la Croix* fut érigé en 1833.

En 1887, Julien Quiban fit don du chemin de la croix actuel (legs approuvé en octobre 1887).

PRESBYTÈRE

Le *Presbytère* était, d'après la tradition, un rendez-de chasse des seigneurs de Rieux ; ceux-ci, voyant un jour que la cure n'était pas convenable, promirent d'affecter cette propriété comme maison presbytérale, si l'évêque de Vannes voulait nommer recteur de Saint-Gravé un prêtre qu'ils protégeaient et qui venait de faire l'éducation de leur fils.

On lit sur une pierre renversée, placée sur le pignon, côté ouest du presbytère, les mots suivants : « L'an 1683, J. Le Thorel, recteur, a fait faire cette fontaine. »

Cette pierre a dû y être mise, à la suite d'une réparation, et provenait sans doute de la fontaine de la petite Noë, dont elle donne la date de fondation.

En 1713, la partie du levant du Presbytère menaçait ruine ; les frais de construction furent supportés par les paroissiens, moyennant l'engagement du recteur, qui était alors M. Michelot, de donner une mission à ses frais. C'est la partie qui renferme maintenant la chambre du recteur et une petite chambre au nord-est. L'autre partie, allant jusqu'à la grange, fut refaite en 1770.

De 1792 à 1814, le presbytère ne fut pas occupé par les recteurs de la paroisse ; déclaré, comme tous les biens ecclésiastiques, domaine national, il fut affermé et le prix du fermage fut touché par les receveurs civils.

Le 7 mai 1793, Denis Moureaux, de Saint-Perreux, loue la cure et la chapellenie de Saint-Denis, au prix de 230 livres.

Le 4 prairial an VII, Hémery en devint locataire au prix de 120 fr.

Voici la copie de la ferme : Du 4 prairial, an sept de la République, une et indivisible (25 avril 1798), aux dix heures du matin, en la salle de l'administration de la Roche-des-Trois (Rochefort) où étaient présents : le citoyen Le Clainche, président ; Després, Jégo et Blouet, agents ; le citoyen Busson, commissaire exécutif, présent ; le citoyen Girodoux, receveur de l'enregistrement et des domaines, a remontré qu'il avait fait procéder à des bannies et donné assignation à ce jour, lieu et heure, pour l'adjudication du bail à ferme des biens dépendant du presbytère de Saint-Gravé, y compris la chapellenie de Saint-Denis, et demande qu'il soit immédiatement procédé à ladite adjudication...... Suivent les conditions. »

Un premier feu fut allumé ; Jean Hémeri, du bourg de Saint-Gravé, mit 120 fr. ; un deuxième feu s'éteignit, et personne ne se présenta pour mettre d'enchère. Julien Pioger fut caution. L'acte fut fait.

Au moment de l'institution de la Légion d'honneur, un décret affecta la propriété du presbytère et de la chapellenie de Saint-Denis aux revenus qu'on fondait pour son entretien. La Légion d'honneur la passa ensuite à la caisse d'amortissement. Tout fut donc aliéné avant le Concordat passé avec le Souverain-Pontife.

Le 1er décembre 1806, lesdits presbytère et chapellenie furent vendus par une adjudication faite à Vannes ; trois habitants de Saint-Gravé les achetèrent ; Pierre Dugué, Guillaume Quiban et Gentien Hallier, alors maire, furent les acquéreurs, l'acte fut enregistré à Vannes le 23 décembre 1806.

Il est de notoriété publique que les deux premiers, au moins, avaient l'intention formelle, en faisant cette acquisition, de conserver les propriétés en question pour la fabrique, moyennant remboursement de leurs fonds, versés en 5 paiements du 19 mars 1807 au 10 mars 1811. Les quittances sont aux archives du presbytère.

Le 6 janvier 1807, Gentien Hallier revendit son tiers aux deux autres, qui jouirent de la propriété et des revenus de ces biens jusqu'en 1817.

Le 10 juillet 1817, Pierre Dugué, demeurant au village de Brehon, et Guillaume Quiban, demeurant à la Batardaye, vendirent à Julien *Renaud*, fabricien, *opérant pour la fabrique de Saint-Gravé*, le presbytère avec ses logements, cour, jardins, prés, prairies, bois et terres et la chambre neuve (chapellenie de Saint-Denis) avec ses logements, cours, jardins et dépendances. Le prix de vente fut de 4597 fr. Cette somme fut fournie par une *avance* de 900 fr. faite par M. Jean Marie Caillet, desservant, et 3200 fr. par la fabrique de Saint-Gravé, et un don de 500 fr. de M. Le Thiec, curé, à sa mort, 397 fr. restant à payer.

En 1865, les chambres du recteur et du vicaire furent restaurées par les soins de M. Paul Audren de Kerdrel, du Brossais, avec la somme de 570 fr. léguée par M. Valléaux, recteur, et les fonds et matériaux qu'il fournit lui-même.

Le *vicariat* ne fut reconnu à Saint-Gravé par le gouvernement que le 10 novembre 1824, ainsi que l'atteste la lettre du préfet du Morbihan, en date dudit jour. Il fut payé par la fabrique jusqu'en janvier 1825 ; à partir du 1ᵉʳ janvier 1825, il fut payé par le gouvernement.

La chapellenie de Saint-Denis, ou chambre neuve, était affectée au logement du vicaire.

Le vicaire cessa d'être payé par la commune en 1885.

Une quête faite dans la commune, au mois de novembre, remplace cette allocation.

On a souvent parlé de la dîme, et quelques explications à ce sujet ne sont pas superflues.

D'après les aveux et actes des XVᵉ, XVIᵉ, XVIIᵉ et XVIIIᵉ siècles, les recteurs dîmaient une gerbe de blé, froment et blé noir, sur 33 gerbes dans toute la paroisse ; les seigneurs de Cancouët, sur les terres relevant de leur seigneurie, avaient généralement les deux autres gerbes dépassant la trentaine.

On a souvent reproché au clergé et aux religieux, leur richesse ; il est assez curieux, à ce sujet, de reproduire ici l'inventaire dressé en 1734 des meubles et effets d'un prêtre de Saint-Gravé, Jean Penhouët (Archives du Brossais).

« Nous, François Le Moine, greffier ordinaire de la Juridiction du Brossais, en Saint-Gravé, certifions nous être transporté, le jour de lundi, 26 avril 1735, au dit bourg de Saint-Gravé, en la maison où est décédé depuis deux ou trois heures, vénérable et discret messire Jean Penhouët, ... et avons trouvé :

« Dans la chambre, une petite table, avec une tirette dessous, une couchette garnie de rideaux verts, avec sa couette de plume et deux draps de lit, une couverture verte, une armoire à deux battants, fermant à clef, une soutane, une méchante paire de culottes de velours, plusieurs livres, ce qu'il y a d'étain, plusieurs petites hardes, une chaise de bois, un prie-Dieu sans serrure, au haut duquel il y a un petit oratoire, et attendu que ce qu'il y a de linge qui est sale, à la réserve d'un linceul, consistant en six serviettes, deux linceuls, douze chemises, une aube que nous avons laissée à la servante pour blanchir, une petite couchette, dans l'enbas de la maison, garnie de rideaux gares, une couchette de balle, deux draps de lit, une méchante couverture verte, une petite table à tirette, deux chaises en bois et deux garnies de jonc, une armoire à deux battants, servant de garde-manger, un trois-pieds de fer, un petit bassin d'étain, un passe-purée d'airain, deux chandeliers de cuivre, une poële, un moule de terre à faire la chandelle de suif. Dans le grenier, de huit à dix demés de blé, seigle. De tout avons dressé procès-verbal... etc...

CHAPELLES ET CHAPELLENIES

CHAPELLE DE L'HOPITAL SAINT-MAURE

La première et la plus ancienne chapelle de Saint-Gravé fut celle de l'*hôpital Saint-Maure*, fondée dans le bourg ; il en est question dans plusieurs actes dès 1450.

Un acte du 26 novembre 1450 constate que « noble homme messire Nicolas du Matz, sieur du Brossais, est alors chapelain de l'hôpital Saint-Maure ou de Saint-Laurent et Saint-Nicolas, fondé et doté par défunte demoiselle *Jeanne Auger*, veuve de feu noble homme Guillaume du Brossais et sieur de la Rivière.

Ledit chapelain rend aveu au sieur de la Chapelle de Molac pour la *Noë Pelot*, appartenant à la chapellenie et située près de Malestroit.

En 1601, messire Pierre *Normand*, recteur de Saint-Congard, est chapelain de ladite chapellenie, et est remplacé en 1628 par messire Jean *Quiban*, prêtre, résidant à La Guenelle. En 1640, Jean Quiban est maintenu par René du Matz, du Brossais, et son épouse Mlle de La Marzelière, et est continué jusqu'en 1660.

Jean Dufresche, prêtre, de Bréhon est chapelain de 1688 à 1704.

2

En 1750, M. Beslay, prêtre d'Allaire, desservait la chapelle, et résidait au Brossais. Il mourut en 1783 et fut remplacé par M. *Corbe*.

En 1754, la chapelle de l'hôpital était en mauvais état, et M. de la Motte-Piquet, vicaire général de Vannes, vu la requête de M. Bossoreil, titulaire, le consentement du recteur de Saint-Gravé, la demande de Mme de Chassonville, née du Moulin, en sa qualité de fondatrice et présentatrice, permet qu'à l'avenir les messes à dire dans la chapelle de l'hôpital soient célébrées dans la chapelle du château du Brossais (lettre du 20 mars 1754).

En 1757, Thérèse-Eugénie-Françoise-Geneviève du Moulin, comtesse de Chassonville, fait constater que l'état de la chapelle de l'hôpital est déplorable, et obtient, en 1769, de l'évêque la permission de la démolir. En 1768, le recteur de Saint-Gravé bénit la chapelle du Brossais, avec l'autorisation donnée le 14 janvier 1768 par Charles-Jean de Bertin, évêque de Vannes.

Il existe dans les archives du Brossais de nombreux papiers concernant la chapellenie de l'hôpital de Saint-Nicolas, Saint-Maure et Saint-Laurent, comprenant l'intervalle de 1540 à 1780; une des pièces les plus anciennes est un aveu à la seigneurie de Malestroit pour la Noë Pelot (1540), faisant partie des bénéfices de la chapelle ; puis une reconnaissance de rente au profit du titulaire de la chapellenie de Saint-Nicolas, en 1546 (13 novembre).

Une lettre de janvier 1628, signée Jean du Matz, installe messire Jean Quiban, comme chapelain, en remplacement de Pierre Normand.

Une lettre du 24 mars 1711, signée : François d'Argouges, évêque de Vannes, permet de célébrer la messe dans ladite chapelle, sauf les quatre grandes fêtes de l'année ; les deniers ou offrandes, *s'il en tombe*, dans ladite chapelle, durent faire l'objet d'un compte annuel, lors de la visite pastorale, et être partagés, 1/3 au recteur de la paroisse, 2/3 à la fabrique de la paroisse.

Un marché, passé le 16 avril 1769 devant M. Vaillant, notaire, entre la Ctesse *de Chassonville*, fondatrice et bienveillante de la chapellenie de Saint-Laurent de l'hôpital, d'une part, et Julien *Bahon*, charpentier, *Guillaume Moisan*, et Mathurin *Danillet*, tailleur de pierres, fixe à 398 livres le prix des réparations à faire à la chapellenie.

Enfin, un traité passé le 24 mai 1779 entre dame Thérèse-Eugénie-Françoise-Geneviève du Moulin, Ctesse de Chassonville, fondatrice et présentatrice de la chapellenie de Saint-Laurent de l'hôpital, et messire Pierre Lavantier, diacre et titulaire de ladite Chapellenie, règle les nouvelles conditions du service, le réduisant à une messe par semaine ; les réparations faites antérieurement par Mme de Chassonville montaient à onze cent soixante-et-une livres ; les dernières sont, en outre, de 360 livres, d'après expertise, et ont été constatées par Guillaume Bellavoir, maçon au village de la Grée, et Guillaume Rivière, charpentier, demeurant à la Martinaye, en Peillac (acte notarié du 24 mai 1774). En 1785, M. Corbe, prêtre, devint titulaire de la chapellenie ; il y était encore en février 1790.

Pendant la Révolution, cette chapellenie fut confisquée par la République, le Cte de Chassonville ayant émigré, elle fut achetée par *M. Gouyguet de Bienassis*, mari d'Emilie *du Moulin*, cousin germain de M. de Chassonville.

En rentrant de l'émigration, Mme de Chassonville, née de Cornulier, racheta cette maison à son cousin, par acte reçu le 7 fructidor an X, par MM. Duclos et Rapatel, notaires à Rennes.

Mme de la Boëssière, née de Chassonville, la racheta à ses trois sœurs, le 12 mars 1826, par acte signé à Guingamp en l'étude de Me Clech Kerthomas.

La fille unique de Mme de la Boëssière, Mme de Kerdrel, en hérita ; l'ancienne chapellenie était devenue une auberge, comprenant une maison à rez-de-chaussée et 1er étage, avec une écurie dans la partie est. Celle-ci fut détruite, et remplacée par une école de garçons et une salle de mairie, par les soins de M. Paul de Kerdrel, époux de Mlle de la Boëssière.

Le possesseur actuel en est le général de Kerdrel, commandeur de la Légion d'honneur, époux de Magdeleine de Vassinhac d'Imécourt ; il la possède depuis le 1er septembre 1890, en vertu d'un partage signé le 27 octobre 1891. La salle de mairie n'y existe plus ; tout le bâtiment sert d'école ou de logement à l'instituteur libre, entretenu par les bienfaiteurs.

On nous pardonnera de nous être étendu aussi longuement sur la chapellenie de l'hôpital de Saint-Nicolas, Saint-Maure et Saint-Laurent ; après avoir été un lieu consacré au culte, cette chapellenie est devenue un lieu consacré à l'éducation chrétienne des enfants de Saint-Gravé, — et, comme tel, menacé par les exécuteurs des lois scélérates de juillet 1901, votées par les sectaires conduits par le ministère *Waldeck-Rousseau*, mises à exécution par le détestable ministère *Combes*. Le possesseur de l'école a été en 1903 appelé devant le juge d'instruction, avec l'instituteur sécularisé, comme inculpé d'infraction à la loi du 1er juillet 1901 ; une ordonnance de non-lieu a suivi cette comparution. En 1904, il a été en référé devant le président du tribunal de Vannes, pour être condamné à subir l'inventaire fait par le liquidateur des frères de Ploërmel. Il a, en temps utile, revendiqué la propriété de l'école ; l'affaire n'est pas jugée, au commencement de 1905.

CHAPELLENIE DE SAINT-DENIS

Il a été question plus haut, à l'article concernant
le presbytère, de la *chapellenie de Saint-Denis*, réservée
au logement du vicaire, et connue plus tard sous le
nom de *chambre neuve* ; son sort a été généralement
lié à celui du presbytère ; elle a été confisquée par la
République, affectée à la Légion d'honneur, rachetée
par des gens de Saint-Gravé, et finalement acquise
de nouveau par la fabrique, qui la possède encore, la
prêtant à la commune de Saint-Gravé, pour servir
d'école de filles. En juillet 1843, de grandes réparations y furent faites pour 650 fr. ; la façade nord fut
défaite en entier. Pendant longtemps l'école fut
mixte. En 1850, il y avait 22 écoliers, 11 garçons ve-
nant le matin, 11 filles le soir.

La subvention mensuelle était de 0,25 pour ceux
qui apprenaient à lire et de 0,50 pour ceux qui apprenaient à lire et écrire.

C'est en 1871 que Saint-Gravé fut mis en demeure
d'avoir 2 écoles distinctes. Les garçons furent confiés
à un frère Lamennais.

En 1891, la commune dut voter la construction
d'une école laïque de garçons et d'une mairie ; elle
fut faite en 1892 près du calvaire, sur un terrain acheté
1000 fr. aux Sallé. L'école libre dut, en 1903, perdre

le frère Lamennais, et avoir un instituteur laïque, ou frère sécularisé, (loi du 1ᵉʳ juillet 1901). Tout porte à croire que la chapellenie de Saint-Denis fut fondée par Guillaume de la Pommeraye, qui était recteur de Saint-Gravé en 1472. Une copie de l'acte de fondation, sans date, rapporte que Messire Guillaume de la Pommeraye, chapelain et aumônier du comte de Rieux, recteur de Saint-Martin, Saint-Laurent et Saint-Gravé, commandeur du prieuré du Brûlais, chapelain des chapellenies de Lormon et du Brossais, fonda un maître-autel de l'église de Saint-Gravé, en l'honneur de Saint-Denis, patron de la paroisse ; une chapellenie de 3 messes par semaine, savoir : une messe matinale tous les dimanches, vers le lever du soleil, une messe de *Requiem* le lundi, et une autre messe le samedi. Il se réservait la présentation du titulaire et la patronage de la chapellenie de Saint-Denis.

Il est question de Guillaume de la Pommeraye dans des titres concernant Cancouët, dans les archives des Brossais, p. 636.

Chapelle des Montrets. — Il y eut une chapelle au château *des Montrets*, sous le patronage de saint Clair, premier évêque de Nantes.

En 1470, Jean du *Montret,* sieur du lieu, reconnut que son père, Guillaume, avait fondé une rente en l'église de Saint-Gravé, qui devait, à perpétuité, être payée sur les biens de la seigneurie, afin qu'il fut mis aux prières chaque dimanche. Cette rente était de 8 sols, quatre deniers. Il donnait en outre 2 deniers, chaque dimanche, pour le pain bénit. Le même acte constate l'existence d'une chapelle auprès du château.

Cette rente fut payée jusqu'en 1790.

Le seigneur du Montret avait en outre une chapelle dans l'église de Saint-Gravé, comme nous l'avons dit précédémment.

Chapelle de la Bogeraie. — La chapelle de *la Bogeraie*, dédiée à la Sainte-Trinité, fut fondée au XVI⁰ siècle (style gothique).

Le 10 janvier 1592, messire Mathurin *Moisan*, prêtre, résidant au village de la Bogeraie, faisait son testament ; il donnait son âme à Dieu, et son corps à la terre, et ordonnait plusieurs messes et services pour sa délivrance, pendant un an. Il demandait ensuite, pour lui et ses parents défunts, une messe à perpétuité, le vendredi, dans la chapelle de la Sainte-Trinité, *fondée par lui.*

Un autre prêtre, Guy Gaschot, donnait à cette chapelle, peu d'années après, une rente perpétuelle de 9 livres, assise sur quelques champs.

Un régistre de cette fondation, allant de 1666 à la Révolution, affirme que ces intentions ont été remplies. En 1831 et année suivante la rente est toujours acquittée ; le 25 janvier 1856, Jean-Marie Potier et Elisabeth Normand remboursent le principal et rachètent cette rente, en donnant l'argent à la fabrique de Saint-Gravé. La chapelle, qui avait été découverte pendant la Révolution, pour qu'on ne l'incendie pas, fut restaurée en 1867 et bénie en 1868.

On a transporté en cette chapelle la table de communion, en bois, de l'ancienne église de Saint-Gravé. Il est d'usage qu'on y chante les vêpres le lundi de la Pentecôte.

Chapelle de Brécéhan. — L'ancien manoir de Brécéhan, devenu une ferme, possédait une petite chapelle, qui date de la fin du XVI⁰ siècle, située à 60 mètres du manoir.

Chapelle de Cancouët. — Le château de Cancouët, appartenant jadis à la famille de Castellan, puis acheté en 1854 par M. Paul de Kerdrel, du Brossais, avait une chapelle, maintenant en ruines, au coin sud-est de l'enclos muré du jardin. Elle était sous le patronage de saint Jérôme. Elle fut élevée au commencement du XVII° siècle, et un aumônier y disait la messe.

En 1653, Jérôme de Cancouët léguait 40 l. de rentes annuelles pour faire dire des messes pour le repos de son âme, dans la chapelle de Cancouët.

Les messes furent dites par M. Guillotin, recteur de Saint-Gravé, et par son neveu. Il y eut ensuite des difficultés de la part de Mme de la Garaudière, sœur de M. de Cancouët, pour le règlement des honoraires ; enfin, en 1674, on versa 280 livres ; mais Cancouët fut vendu en 1690 par les héritiers de Jérôme, qui furent obligés, en 1696, de payer, pour l'amortissement de la fondation de leur aïeul, la somme de 800 l., plus une somme de 893 l. pour les arriérés depuis 22 ans, c'est-à-dire depuis 1674.

En 1707 Mme la Présidente de la Coquerie fait une autre fondation de 84 l. de rente pour une messe matinale, tous les jours de dimanche et de fêtes chômées, à la même chapelle.

En 1683, le propriétaire de Cancouët avait obtenu du Pape Innocent XI pour la chapelle de Cancouët une indulgence plénière à gagner le dimanche suivant la fête de saint Jérôme.

Bien qu'elle ne soit pas en la commune de Saint-Gravé, signalons l'ancienne chapelle de *Quiempé*, située au haut du mont Hercé, dans le voisinage de Carrhon. Elle fut rebâtie en 1707 par les seigneurs du

Brossais, dont elle porte l'écusson. Lors de la reconstruction de l'église de Saint-Gravé, en 1900, le rétable de l'ancienne église fut installé à la chapelle de Quiempé. On s'y rend en procession le lundi de la Pentecôte.

LES CHATEAUX EN SAINT-GRAVÉ

Ogée nous rapporte qu'en 1480, les maisons nobles de la paroisse étaient : Cancouët, La Haie, Brécéhan, le Montret, le Brossais.

1º Le *Montret* était un très vieux château ; nous trouvons, en 1418, Guillaume du Montret au nombre des gentilshommes qui doivent suivre le duc de Bretagne en France. Il fit une fondation en faveur de l'église de Saint-Gravé, fondation qui fut confirmée en 1470 par son fils Jean. Aux XVIe et XVIIe siècles, le château du Montret est occupé par la famille de *Théhillac*, sieur de Maupas et de Montret. En 1669, Jeanne de Théhillac, fille de Charles de Théhillac et de Raoulette Labbé, dame de la Lande, épousa Mathurin Bosserel. En 1680, mourut Jacques de Théhillac, sieur du Montret ; il fut enterré dans la chapelle du Montret, adhérente à l'église. Cette famille disparut de Saint-Gravé vers le commencement du XVIIIe siècle, et le château du Montret cessa d'être habité.

Le 7 janvier 1778, Perrine-Marie de Théhillac, épouse de messire Claude-Louis de la Tousche-Limousinière, chevalier, sire de Mareuil, conseiller du roi au Parlement de Bretagne, loue les Bas-Montrets à Joseph Caudar.

Nous retrouvons dans un bail des Montrets, de 1781, M. *Guérin de la Grasserie*, demeurant à Rennes, époux de Jeanne de *Théhillac*. Celle-ci mourut le 3 juillet 1830; son fils Emmanuel-Marie Guérin de la Grasserie vendit les Montrets à M. Paul de Kerdrel le 19 avril 1838. Actuellement, il n'y a plus là qu'une ferme.

2° *Le château de Cancouët* était en 1420 habité par Guillaume de Cancouët, qui comptait dans la compagnie du sire de Rieux, au siège de Champtoceaux, en 1457, Pierre Perré, sénéchal de Ploërmel, reçoit mandement du duc de Bretagne, pour connaître du différend entre Jean de Cancouët et Guillaume Sorel; *Jean de Cancouët* était, en 1464, au service du duc de Bretagne, en qualité d'homme d'armes, et a fait partie de la garnison d'Auray.

Son fils, *Vincent* de Cancouët, est signalé dans le rôle terrier de la seigneurie de Cancouët en 1509, 1524, 1527, 1530.

Pierre de *Cancouët* y figure en 1534, 1535, 1540, 1547.
Son fils Jehan   — en 1547, 1559, 1560, 1581.
  » Jacob   — en 1586, 1599, 1504.
  » Jacques — en 1607.
  » Jérôme   — en 1627, 1633, 1653.
  » Yves   — en 1660 et 1669.

L'écusson de la famille de Cancouët était : *d'argent au sanglier effrayé de sable, défendu d'argent et allumé de même*. En 1685, Henri Ernoult, sieur du Boishéroucert, conseiller de Roi, juge criminel de Vannes, acquiert la seigneurie de Cancouët, dépendant de là succession bénéficiaire d'Yves de Cancouët. En 1687, Fr. Jean Bonnier, marquis de la Dobiais, la Coquerie, la Chapelle, possède Cancouët.

Nous trouvons, de 1706 à 1725 à Cancouët, Jeanne-Laurence *Ernoult*, dame *de la Coquerie*.

De cette famille, Cancouët passa aux mains de la famille de Castellan, par le mariage de la fille du Président de la Coquerie avec Joseph-Marie de Castellan, chevalier, seigneur de Cancouët, Canquemard, Castellan, Trélon, la Muse, la Roche-Gestin, 1726.

.Nous voyons ensuite Cancouët possédé par Sévère de Castellan, mort en 1772, à l'âge de 30 ans; par Jean de Castellan, capitaine de vaisseau, chevalier de Saint-Louis, en 1785, marié à Mlle de Keremar de Boischâteau, frère de Joseph-Pierre et de Mme de Tranroux, demeurant au château de Grenieux, diocèse de Saint-Brieuc (Joséphine Salomé). Elle reste veuve, avec un fils, *Jean-Marie-Louis-Mathurin*, qui avait 2 ans en 1787 (acte de tutelle signé à Rieux le 12 juillet 1787).

Une lettre du 27 vendémiaire an X, écrite par Me Jouan, notaire à Rochefort, est adressée à Quintin, à Mme des *Coignets*, comme propriétaire de Cancouët. C'était la veuve de Jean de Castellan qui s'était remariée le 8 prairial an III, à Gaël, avec Toussaint des Coignets, âgé de 72 ans. Elle en avait 42.

Elle était belle-sœur de M. le chevalier des Coignets, mari de Marie-Louise-Françoise de Keremar.

En 1854 la terre de Cancouët était encore entre les mains de la famille de Castellan, et fut alors achetée par M. Paul de Kerdrel, du Brossais.

La seigneurie de Cancouët relevait du comté de Rieux; elle avait droit de coutume sur les marchands passant et repassant dans la paroisse; en 1531, elle avait droit de soule sur les hommes de la paroisse, excepté ceux dépendant de la seigneurie du Brossais, le lendemain de Noël. Le dernier marié devait fournir cette soule en cuir; sinon, il payait 60 sols d'amende.

Avant de lancer la soule, la dernière mariée devait comparaître devant le seigneur de Cancouët, le lendemain de Noël, à l'issue de la grand'messe, et lui donner la main pour danser, et chanter ou faire chanter une chanson ; sinon, 60 sols d'amende.

Ledit seigneur avait, sur les fiefs de sa seigneurie, les épaves, galois, successions de bâtards, haute, majeure et basse justice. Il avait droit de passage au *Gueslin*, sur l'Oust, pour lui et ses hommes.

En 1541, Cancouët se composait d'un château, avec écuries, cour, colombier, jardins, du grand étang, ayant deux moulins au-dessous, l'un pour le grain, et l'autre pour fouler le drap du pays ; du petit étang au-dessous de la Chênaie, ayant un moulin pour moudre le grain; du moulin de l'*Etier*, sur la rivière d'Arre, affermé 80 boisseaux de grain, le tiers en froment, et les deux tiers en blé, ainsi que du droit de pêche prohibitif en dessus et en dessous.

Cancouët possédait aussi les manoir et métairie de la Goderaie, avec son refuge à conils ou lapins, — le tiers du manoir du Montret et de sa métairie, le jardin de la chapelle, un tiers du colombier.

Nous avons vu, en parlant de l'église de Saint-Gravé, que le seigneur de Cancouët y avait une chapelle.

La *Métairie neuve*; ferme touchant Cancouët, fut achetée le 1er mars 1838 par *Jean-Marie-Louis-Mathurin de Castellan*, demeurant à sa terre du Chesnay, en Saint-Donan, à Pierre-Marie Garnier de Merigant et à Mme Honorine-Marie-Emilie *Le Frotter*, son épouse, demeurant à Quintin. La Métairie neuve fut vendue avec Cancouët à M. de Kerdrel.

Canquemard fut toujours attaché à Cancouët, jusqu'à la Révolution. Mlle Cécile Lombart, veuve de Vincent-Jacques , reconnaît en 1509 qu'elle tient Canquemard de noble écuyer Vincent de Cancouët, seigneur de Cancouët et Canquemard.

La Haye. - Du château *de la Haye*, il ne reste qu'une tour, contenant à l'intérieur un escalier, conduisant à un pavillon ; ce ne sont que des bâtiments de ferme.

La métairie de la Haye appartenait à M. *Gabriel Freslon de la Freslonnière*, ayeul maternel de Mme *Mérot des Granges*, comme l'ayant recueillie de la succession de ses ancêtres. Elle est passée après son décès à Mme Esther-Françoise-Marie *de Freslon*, veuve de M. Toussaint-Charles *Gascher des Burons*.

La fille de ce dernier, Esther-Marie *Gascher des Burons*, épousa M. *Amant-Toussaint Mérot des Granges*, demeurant à Rennes, rue Saint-Sauveur, et, après la mort de son mari, vendit La Haye, le 27 janvier 1851 à M. Louis-Paul-Auguste de la Boëssière, demeurant au Brossais, et père de Mme Paul Audren de Kerdrel. En 1889, le propriétaire est le général de Kerdrel.

Les anciens fermiers de La Haye étaient en 1777, Jean Niol, et sa femme Julienne Malabeuf, ainsi que le constate le bail accordé le 13 janvier 1777 par Gabriel Freslon de la Freslonnière, chevalier, ancien officier des vaisseaux du roi, lieutenant des maréchaux de France, demeurant à Ploërmel.

En 1817, la fermière est Julienne Malabeuf, **veuve Niol**.

En 1743, le bail est fait à François *Niol* et à Jeanne-Marie *Duval*.

Aux Niol ont succédé les Gilbert, dont la 3ᵉ génération occupe en 1905 la ferme de la Haye.

Bᴿᴱᴄᴱʜᴬᴺ. — Le manoir de *Brécéhan* appartenait, au commencement du XVIᵉ siècle, à messire Guillaume *Méhaut*, chanoine de Guérande, et recteur d'Herbignac et d'Assérac, mort en 1532.

Il avait pour sœur aînée Guillemette Méhaut, qui mourut la même année. Sa sœur Marguerite, mariée à noble homme, *Jacques de Bodéan*, lui succéda. Elle rendit aveu à M. Pierre de Cancouët, pour ses propriétés de Brécéhan, le 6 octobre 1532, et reconnut que son feu frère avait acquis, à titre d'héritage, lesdites propriétés de feu haut et puissant seigneur Claude, sire de Rieux et de Rochefort. Elle devait au Seigneur de Cancouët douze deniers de rente annuelle, avec foi, hommage et rachat.

En 1621, Brécéhan appartenait à écuyer Jacques d'Andibon, sieur de Bodéan.

En 1706, Brécéhan était à écuyer Joseph Michiel, sieur du Vau d'Arre, en Malansac, et y demeurant.

Les propriétés de Brécéhan et du Vau d'Arre furent achetées en 1843 par M. Hyacinthe Dondel du Faouëdic, demeurant au Parc-Auger, à Redon à Mademoiselle Rosalie Michiel du Carmoy, demeurant au Châtelier, commune de Saint-Samson, arrondissement de Dinan. La famille de Carmoy habitait l'hôtel Carmoy à Redon, entre le pont de la ville et Le Mail.

Brécéhan appartient en 1905 à la famille de Caslou ; M. Joseph Lamour de Caslou est le gendre de M. Dondel du Faouëdic, acquéreur en 1843.

CHATEAU DU BROSSAIS

Le château du Brossais a appartenu depuis 1380 environ à la famille *du Matz*, à la suite du mariage de Gilles *du Matz*, chevalier, maître d'hôtel du duc de Bretagne, avec Jeanne *de Beaumont,* fille naturelle du duc, qui reçut à cette occasion la terre du Brossay. Cette famille en demeura propriétaire jusque vers 1680, époque à laquelle Le Brossais fut vendu à la famille *du Moulin*, représentée alors par Daniel du *Moulin*, seigneur du Lavoir, fils de Pierre du Moulin et de Sara de Gelhay, et marié à Ester Uzille en 1672.

Sa fille épousa en 1741 Charles Jean-Louis de *Maillier*, Cte *de Chassonville*, fils de Louis, Cte de Chassonville, maréchal de camp des armées du roi, puis lieutenant général, et de Marie-Adrienne de *Glisne de Brabant* (petite-fille d'Isabelle de Nassau).

La famille de *Chassonville* était originaire de l'Orléanais, et a donné 3 évêques, un ambassadeur, 4 officiers généraux, des conseillers d'Etat.... Le Brossais passa ensuite à *Daniel,* Henri-Louis-Philippe-Auguste de Maillier Cte de Chassonville, qui épousa Pauline-Jeanne de *Cornulier*, fille de Toussaint de *Cornulier*, Cte de Largouet, président à mortier au parlement de Bretagne. Il mourut à Bastogne en émigration en 1792, laissant 4 filles. qui furent : la Ctesse du Bot, la Ctesse de Montfort, la Ctesse de Cornulier de la Caraterie, et la Ctesse de la Boëssière.

Le Brossais fut vendu nationalement 71812 livres, pendant la Révolution à François-Yves Faverot, commissaire du Directoire exécutif près l'administration communale du Morbihan, qui le céda à M. Gouyguet *de Bienassis*, mari d'une demoiselle du Moulin, possesseur d'une créance de 38.000 livres sur cette terre (26 nivôse an VII).

Au retour de l'émigration, Mesdemoiselles de Chassonville rachetèrent le Brossais à leur parent, le 27 fructidor an X, et l'une d'elle, mariée *au comte de la Boëssière*, ancien capitaine au 5ᵉ régiment d'infanterie de la garde Royale, frère du général marquis de la Boëssière, de Malleville, racheta leur part à ses trois sœurs en 1826.

Leur fille épousa le Vte Paul *Audren de Kerdrel*, originaire de Lannilis (Finistère), ancien officier de cavalerie, démissionnaire en 1830, député de 1849 à 1851, puis conseiller général du Morbihan jusqu'à sa mort, 25 janvier 1889.

La famille Audren de Kerdrel eut un croisé en 1248, Raoul.

Dom *Maur*, prieur de Landévennec, puis de Redon, abbé de Saint-Vincent du Mans (1693), puis prieur de Marmoutier, appartenait à cette famille.

Il fit, avec Dom *Lobineau*, l'*Histoire de Bretagne*.

Citons encore, comme illustration de la famille Vincent-Casimir, mousquetaire du roi Louis XV, puis lieutenant des maréchaux de France en 1776, et enfin Vincent, député, puis sénateur du Morbihan, de 1871 à 1899.

Les armes de cette famille : *de gueules à trois tours*

d'or, maçonnées de sable, sont à la salle des Croisades, au palais de Versailles.

Depuis 1889, le Brossais appartient au Vte Roger Audren de Kerdrel, général de brigade de cavalerie, commandeur de la Légion d'honneur, qui a épousé en 1870 Magdeleine de *Vassinhac d'Imécourt*, originaire de la Meuse, fille du Cte d'Imécourt et de Marie des Monstiers-Mérinville.

La terre du Brossais, reconstituée par achats successifs faits par les dernières générations des propriétaires cités ci-dessus telle qu'elle était avant la Révolution, est possédée en 1905 par le général de Kerdrel (Roger-Casimir-Marie-Audren) et sa sœur la comtesse *de Perrien*, habitant le château de Lannouan, en Landévant.

Le château a été restauré par le Vte *de Kerdrel*, depuis son mariage en 1835; la tour hexagonale en pierres sculptées fut refaite en 1854, sur l'emplacement d'une tour de même forme, et avec une partie des matériaux de celle-ci. Le pavillon est, anciennement pavillon de Volvire, a été reconstruit par le Vte et la V^tesse Roger de Kerdrel, de 1890 à 1892.

Le château du Brossais possède un coffre ancien, du XVIe siècle, en if, sculpté, portant les armes de la famille *du Matz, (d'argent fretté de six pièces de gueules, chef échiqueté d'or et de gueule)*. Ce coffre a été retrouvé dans l'église de Malansac, racheté par le Vte Paul de Kerdrel et remis au château d'où il était sorti, pendant la Révolution, sans doute.

Une pierre d'ardoise assez curieuse se trouve aussi au château : c'est une inscription rappelant la pose, en 1653, de la première pierre de l'église et des édifices du couvent de Bodélio par messire Charles *du Matz*, âgé de 16 ans, fils aîné de haut et puissant seigneur messire René *du Matz*, marquis du Brossais, comte du Mesnil, maréchal de camp et de dame Guillone de la Marzelière.

Ce Charles du Matz épousa ensuite *Hélène du Guesclin*, dont la famille possédait des biens en Peillac, notamment le *Bignon*. Elle resta tutrice de ses enfants, en 1678, et demeurait alors à Rennes ; ses deux fils, l'un marié à Yolande de la Baume de la Vallière, l'autre marié à Marie du Boberil de Cherville ne laissèrent pas d'enfants. Leur sœur Marie-Vincente-Clarisse du Matz hérita du Brossais, et mourut en 1752, laissant de nombreux héritiers, ce qui amena sans doute la vente du Brossais à la famille du Moulin.

Dans le salon du Brossais se trouve le portrait au pastel du chevalier de *Lanidy*, lieutenant de vaisseau, grand oncle de M. Paul de Kerdrel, fils de Mlle Zoé de Lanidy. Qu'il nous soit permis de relater ici la mort de ce héros, dont on trouverait les détails confirmés dans la *Gazette de France* du 4 octobre 1782, le *Mercure de France* des 17 et 24 septembre, et 8 octobre 1782, et des 7 octobre et 4 novembre 1783.

La frégate l'*Hébé* sortit de Saint-Malo le 3 septembre 1782 pour s'aller faire doubler en cuivre à Brest.

Elle accompagnait un convoi composé d'une corvette, deux fluttes et quelques transports chargés de munitions navales.

Le 4, à la pointe du jour, on aperçut un vaisseau qui joignit bientôt la frégate (le *Rainbow*, vaisseau à deux ponts de 46 canons).

La barre du gouvernail de l'*Hébé* ayant été coupée dans la chasse par la première bordée de l'ennemi, elle présenta le travers au vaisseau qui la désempara totalement.

Le capitaine de vaisseau, commandant l'*Hébé*, se voyant attaqué par des forces supérieures, voulut cesser le combat, et donna l'ordre d'amener le pavillon.

Le chevalier de Lanidy, lieutenant de vaisseau, vit de son poste que le commandant voulait se rendre.

Indigné de la lâcheté d'un officier qui allait flétrir l'honneur de la marine française, en amenant son pavillon devant les Anglais, il fit tous ses efforts pour s'y opposer et adressa de sanglants reproches au capitaine de V...

Mais ce dernier persista, et, pendant ce débat, un boulet atteignit le chevalier de Lanidy et lui emporta les deux cuisses.

Alors toute résistance cessa et l'ennemi s'empara de la frégate. Le convoi eut le temps de prendre le large, et dut son salut à la bravoure du chevalier de Lanidy.

Le capitaine de V. fut jugé par le Conseil d'amirauté de Morlaix, et, condamné à la prison perpétuelle, fut enfermé au château de Rochefort. Il n'en sortit qu'à la faveur des troubles de la Révolution. Le jugement eut lieu au mois de novembre 1783, sous la présidence du Cte de Guichen.

L'héroïsme du chevalier de Lanidy excita tellement l'enthousiasme des marins de son bord, dont il était très aimé, qu'ils recueillirent son sang dans des flacons, et se partagèrent les morceaux de ses vêtements, comme un précieux talisman de courage et d'honneur.

Louis XVI écrivit des lettres de félicitations à la famille du lieutenant de Lanidy, et lui accorda à perpétuité une place dans le département de la marine, de Brest.

Dans les archives du Brossais, on trouve quelques souvenirs du couvent de *Bodélio*, acheté en 1847 par M. Paul de Kerdrel, notamment le sceau du couvent, une bague trouvée dans les fouilles de l'ancien cloître, une tête de christ en pierre blanche. A une date peu précisée, en 1442, croit-on, ce couvent fut fondé par Jean de Rieux, sur l'emplacement d'un prieuré de Saint-Thomas, qui fut alors annexé à la Collégiale de Rochefort.

Le couvent de Cordeliers fut fondé comme maison de force, où l'on recevait tous ceux qui étaient présentés avec des lettres de petit cachet. Il n'en reste que des ruines; sous l'emplacement du maître-autel, on trouva en 1848 une boîte en fer blanc contenant un linge plié, maculé de sang, qu'on supposa avoir contenu les restes d'un fondateur. Les ossements trouvés dans le cloître ont été inhumés dans le cimetière de *Malansac*.

GUERRES CIVILES DE LA FIN DU XVIᵉ SIÈCLE

Il est utile, avant de commencer ce chapitre, de dire quelques mots des seigneurs de Rochefort, et d'expliquer comment les comtes de Rieux s'établirent dans le pays.

Jean II de Rieux, deuxième fils de Jean Iᵉʳ et d'Isabeau de Clisson, épousa en 1374 Jeanne, dame *de Rochefort*, de Donges, de Châteauneuf, et hérita de son frère Guillaume de Rieux ; il prit les noms et armes des Rochefort. Maréchal de France en 1387, il mourut le 7 septembre 1417 et fut inhumé à N.-D. de la Tronchaye.

Jean III, né en 1377, épousa Béatrix de Montauban, dame de la Gacilly, et, en deuxièmes noces, Jeanne d'Harcourt ; il fut inhumé à Rochefort en 1431. Sa veuve épousa Bertrand de Dinan, baron de Châteaubriant.

Son frère, *Pierre de Rieux*, né en 1389, maréchal de France en 1417, prit part au siège d'Orléans, avec Jeanne d'Arc, et épousa Jeanne de Molac ; il mourut en 1439 et fut inhumé à N.-D. de la Tronchaye.

François de Rieux, son fils, né en 1418, épousa en 1442 Jeanne de Rohan, vendit l'hôtel de Rochefort, à Nantes, à sa nièce Françoise d'Amboise, en 1455. Chambellan du roi Charles VII, il mourut en 1458, et ses restes furent déposés à N.-D. de la Tronchaye.

Son fils, *Jean IV*, né en 1447, épousa en 1462 Françoise Raguenel de Malestroit, et prit en 1471, le titre de seigneur de Malestroit et de Largoët. En 1487, la noblesse du parti du roi, assiégeant Redon, fait prisonnière la dame de Rieux, qui se trouvait dans la ville. Elle fut rendue à son mari sur la sollicitation du roi, qui écrivit de Châteaubriant au chef de l'armée. Jean IV fut tuteur d'Anne de Bretagne et épousa en 1495 Claude de Maillé, qui mourut peu après suffoquée dans un incendie du château d'Elven. Il épousa, en troisièmes noces, Isabelle de Brosse ou de Bretagne.

En 1498, il installa une collégiale à Rochefort, composée d'un doyen et de six chapelains. Elle fut définitivement établie par son fils en 1527.

Il suivit Louis XII dans le Milanais en 1511, et mourut en 1518.

Claude Ier, né en 1497, épousa Catherine de Laval, dame de la Roche-Bernard, fut fait prisonnier à la bataille de Pavie, en 1525, et se remaria en 1529 à Suzanne de Bourbon ; il mourut en 1532. Claude de Rieux et Catherine de Laval furent enterrés au milieu du chœur des chanoines, à Notre-Dame de la Tronchaye. On prétend que leurs statues tumulaires, renversées pendant la Révolution, ont été retouchées et transformées en un saint Joseph et en une Sainte Vierge.

Claude II, né en 1530, s'appela comte d'Harcourt, et mourut en 1548, à l'âge de 18 ans.

Sa sœur Claude épousa en 1548 *François de Coligny*, sieur d'Andelot, frère de l'amiral de Coligny ; son fils aîné, *Paul de Coligny*, devint seigneur de Rieux et de Rochefort, et mourut en 1586 ; il eut pour successeur *Guy de Coligny*, qui mourut sans postérité en 1605.

Ce fut le colonel d'*Andelot*, mari de Claude de Rieux, qui importa le calvinisme dans le comté de Rochefort. Il vint s'y établir avec des ministres protestants et gagna beaucoup de gentilshommes à sa religion.

Rochefort eut un prêche, et la famille du Matz, du Brossais, accepta les idées nouvelles ; le Brossais devint un foyer de calvinisme.

Les guerres religieuses éclatèrent vers 1562 : M. du Matz, du Brossais, y prit part un des premiers, comme capitaine de l'arrière-ban de la noblesse à Nantes ; il marcha sur le Croizic, où l'évêque de Nantes luttait contre la religion huguenote. En 1562, les ministres protestants sont au Brossais, avec le colonel d'Andelot.

Trois ans plus tard, M. du Matz s'occupe avec ce dernier de lever des troupes ; en 1559, le sieur Bouillé écrivait de Nantes au duc d'Etampes : « Ce matin, le sieur du Brossay (Saint-Gravé), nous est arrivé avec un certain nombre d'hommes à cheval, et, comme on sait bien qu'ils sont calvinistes, on a des soupçons et des craintes en les voyant ensemble ; on a fait des visites domiciliaires, sans trouver d'armes ; je travaille à persuader aux gens d'église de tenir des hommes sous les armes, car c'est eux que cela regarde le plus. »

En août 1560, le même Bouillé écrivait : « Il y a eu une révolte dans la ville de Nantes ; un homme a été grièvement blessé, et M. du Brossay est accusé d'avoir porté le coup. Je ne crois pas que ce soit lui, car je l'ai toujours reconnu pour un homme rassis et discret. »

Le 10 décembre 1560, M. Bouillé écrivait à M. du Brossay, pensionnaire ordinaire du roi, capitaine des Gentilhommes de l'Évêché de Nantes, pour l'avertir que la reine, étant fort malade, avait envoyé des ordres pour faire cesser toute collision ; qu'il l'en avertissait, afin qu'il fit connaître à tous les gentilshommes qui étaient sous sa charge de se tenir prêts pour le service du roi. Le 13 décembre 1560, il lui annonça la mort du roi François II et deux jours plus tard, que la reine-mère (Catherine de Médicis) a l'administration du royaume, qu'elle craint des soulèvements, et qu'en conséquence il prévienne ceux de sa compagnie de se tenir prêts à marcher au premier appel.

Le duc de Mercœur, beau-frère du roi Henri III, fut nommé en 1582 gouverneur de Bretagne. Il se déclara le chef des ligueurs en Bretagne après l'assassinat des Guises (1588), traita directement avec les Espagnols et leur livra le port de Blavet.

Le parti du roi en Bretagne était sous les ordres du maréchal d'Aumont, qui périt en 1596, à Comper, près de Rennes, d'un coup de mousqueton. Nous n'entrerons pas dans le détail de la Ligue en Bretagne, nous bornant à ce qui concerne la région qui nous occupe. Au mois de mars 1588, le duc de Mercœur entre dans la ville de Redon, sans aucune espèce de résistance de la garnison, gagnée par les moines qui étaient seigneurs d'une partie de la ville. Talhouet en fut nommé gouverneur, et y commanda pendant toute la durée de la Ligue.

En 1589, Malestroit appartenait à la Ctesse de Brissac, à qui la dite baronnie fut enlevée par le duc de Mercœur, qui fit raser une partie des fortifications, créées en 1463. Elles furent réparées, et la ville fut de nouveau assiégée, et prise par le duc de Mercœur ; fortifiée de nouveau, elle subit un troisième siège et fut reprise en 1592 par Mercœur, qui la garda quelque temps.

En septembre 1592, Lahideuc, officier expérimenté, la soumit à Henri IV, fit construire cinq petites tours détachées, et la mit en état de résister à l'ennemi. Pendant cette période, Saint-Gravé reçut les communications ci-après :

Le 22 novembre 1590, le sénéchal de Malestroit écrivait aux habitants de Saint-Gravé : « Paroissiens de Saint-Gravé, il vous est mandé et commandé de tenir, sous huit jours, dans la ville de Malestroit, 32 boisseaux de grains, 2/3 de froment et 1/3 de seigle, mesure de Malestroit. C'est la portion qui vous incombe sur 400 charges de grains imposées pour l'entretien de la garnison de Malestroit. Sa Majesté nous envoie des troupes sous peu de jours, pour s'opposer aux ennemis de la France.

M^rle prince de Dombes, gouverneur de Bretagne, a signé l'ordre que je vous transmets le 10 du présent mois. Hâtez-vous d'envoyer ce qu'on vous demande, ou vous en répondrez tous, et chacun sur vos biens meubles et immeubles, emprisonnement de vos personnes... Signé : Perret. »

Un appel du même genre du sieur Trescar, gouverneur de Malestroit, en 1592, imposait à Saint-Gravé la fourniture de 16 charretées de foin, 4 minos d'avoine, 6 charretées de paille. Vers la même époque (18 mai 1589) le sénéchal de la ville de Redon écrivait, au nom du duc de Mercœur, aux habitants de Saint-Gravé : « Faisons savoir que nous avons reçu, le 8 courant, mandement du duc de Mercœur, gouverneur et lieutenant général pour le roi en Bretagne, par lequel il nous est ordonné de lever pour la garnison tenue par le capitaine *Alize* dans cette ville la somme de 10 sols par jour pour les dépenses des vivres de 20 soldats, les foins, pailles et avoines pour les chevaux. Un mandement postérieur nous ordonna de lever la somme de 500 écus par mois pour l'entretien de ladite garnison et pendant tout le temps qu'elle y demeurera.

Sur ce, vous êtes requis d'envoyer à Redon, dans l'auditoire de la ville, le 24 du présent, trois hommes parmi les plus notables de votre paroisse, munis d'avance de vos deniers, rôles de fouages, etc... pour assister à la répartition entre les paroisses des dites sommes et fourrages ; les hommes auront avec eux l'argent nécessaire pour payer à l'avance le premier mois. Faute à vous d'envoyer les hommes, il sera passé outre ; vous serez taxés et, deux jours après, vous serez forcés au paiement, sous les voies et peines accoutumées en telles affaires :

Signé : CLAREL, greffier.

On faisait en outre des préparatifs de défense ; le sénéchal de la cour de Redon, Jean Flonic, sieur du Croix, réclamait en juillet aux paroisses voisines le nombre d'hommes, charrettes et harnais, chalands et autres choses nécessaires et propres à curer, nettoyer les douves de la ville, relever les fossés, amener par terre et par eau les matériaux propres aux réparations des fortifications de la ville de Redon.

Pour ces travaux, dirigés par le capitaine Durbin, ingénieur, furent réquisitionnées les paroisses suivantes :

Bains, Langon, Avessac, Renac, Rieux, Allaire, Saint-Vincent, Glénac, Fégréac, Massérac, Saint-Just, Pipriac, Bruz, Carentoir, le Temple, les Fougerets, Saint-Martin, Saint-Congard, Peillac, Saint-

Gravé, Béganne, Malansac, Caden, Sévérac, Saint-Dolay, Guenrouet, Saint-Gildas.

Les réquisitions citées ci-dessus sont aux archives de la sacristie de Saint-Gravé.

En 1525 Talhouet, gouverneur de Redon, voyant que le duc de Mercœur ne voulait pas faire sa paix avec le roi, prit le sage parti de faire un arrangement particulier.

Il se rendit au camp devant Comper, auprès du maréchal d'Aumont, qui lui fit présent, de la part du roi, d'une écharpe blanche de grande valeur, l'assura d'un brevet de maréchal de camp dans l'armée du roi et le continua dans sa place de gouverneur de Redon, dont la survivance fut promise à son fils.

Le duc de Mercœur, voulant punir Talhouet, essaya de surprendre Redon, mais inutilement. Ne pouvant réussir par la ruse, il l'attaqua à force ouverte, mais le vaillant gouverneur se défendit si bien, que le prince Lorrain fut obligé de renoncer à son entreprise.

Après avoir signé une trêve avec Henri IV en 1525, Mercœur se soumit entièrement en 1598, et maria sa fille unique au duc de Vendôme, bâtard du roi.

Saint-Gravé se trouva, pendant la guerre civile, entre les places de Redon et de Malestroit, souvent ennemies, et eut à éprouver les éclaboussures de ces luttes.

SAINT-GRAVÉ PENDANT LA RÉVOLUTION

Suivant les ordonnances du roi Louis XVI, en date du 24 janvier 1789, relatives aux réformations à apporter dans le gouvernement de l'État, chaque paroisse fut convoquée pour exprimer ses avis avant la convocation des États généraux. Jean-François Briend, substitut du procureur fiscal de Peillac, réunit à Saint-Gravé environ 25 des notables habitants des villages et dressa son procès-verbal, renfermant les plaintes qui suivent :

Les habitants, ou Tiers-État, de la commune de Saint-Gravé demandent :

1º Que la liberté individuelle soit garantie à chaque Français.

2º Que le retour périodique des États généraux soit fixé par une loi précise, et que les impôts ne soient consentis que d'une tenue à l'autre.

3º Que dans les États généraux on opine par tête, et non par ordre.

4º Que les impôts votés par les États généraux soient généralement et également répartis sur les citoyens de tous les ordres, à l'effet de quoi tous les impôts distinctifs à chaque ordre seront supprimés, notamment les droits de grands fiefs.

5° Qu'il sera établi un nouveau tarif des droits de contrôle et d'insinuation, dans lequel il n'y aura rien d'arbitraire.

6° Qu'il sera fait un fonds suffisant pour l'abolition de la corvée sur les grandes routes et pour l'achat des miliciens, lequel fonds sera levé par une contribution proportionnelle sur tous les ordres et sur toutes les personnes, habitants des villes et des campagnes, sans distinction.

7° Que tout droit de propriété sera inviolable et que nul ne puisse en être privé, même à raison d'intérêt public, qu'il n'en soit dédommagé au plus haut prix et sans délai.

8° Que la noblesse par charge sera dès à présent supprimée par tout le royaume.

9° Que les abbayes seront mises en économat au fur et à mesure qu'elles viendront à vaquer et que les revenus seront employés annuellement à payer les dettes du clergé en principal et en intérêts.

10° Que Sa Majesté sera instamment suppliée de supprimer les pensions excessives qu'elle a pu accorder, et n'en donner à l'avenir qu'aux personnes qui n'auront pas le moyen de subsister honnêtement sans pension relativement à leur état et aux services réels, et non prétendus, rendus au royaume.

11° Que les députés de la Sénéchaussée de Ploërmel aux États-Généraux se réuniront à ceux du clergé de Vannes, pour demander la suppression du droit d'Annat, que les chanoines de l'église cathédrale de Vannes sont en possession de prélever sur les cures dudit Évêché.

12° Que Sa Majesté sera suppliée de supprimer une infinité de petits gouvernements, places militaires, qui ne sont d'aucune utilité dans l'État.

13° Que les vassaux seront déchargés de voiturer les matériaux employés à faire les réparations des moulins, nonobstant arrêts contraires.

14° Qu'il ne sera payé à l'avenir aucun droit de lots de vente sur les échanges en Bretagne, attendu que le droit de lots et ventes fut affranchi en 1700 des deniers des communes de Bretagne.

15° Qu'il sera fait une loi fixe et invariable sur la propriété, l'usage des terres appelées communs situées dans la province de Bretagne.

Toutes les demandes ci-dessus ont été arrêtées dans l'assemblée générale des habitants roturiers de la paroisse de Saint-Gravé, sous le seing de ceux qui savent signer.

Ils représentent de plus, lesdits habitants, qu'ils sont écrasés par les rentes seigneuriales, les dîmes, les corvées et charrois, de sorte que, les impositions royales et les redevances seigneuriales acquittées, il leur reste à peine le quart de leurs revenus pour leur subsistance.

Lesdits habitants sont en outre obligés de conduire les troupes et leurs bagages, et, comme plusieurs paroisses n'ont pas cette charge, ils pensent qu'il serait juste qu'elles donnassent des indemnités aux autres, il serait également juste, à leurs yeux, que les moulins à bras fussent permis dans la province, sans payer de redevances ; ils demandent aussi qu'il soit permis de tirer sur les pigeons qui leur coûtent presque autant que la dîme. »,

Suivent dix-neuf signatures.

Les 15 articles ci-dessus sont évidemment dûs au rédacteur, le sieur Briend ; quant aux dernières représentations, elles proviennent certainement des habitants de Saint-Gravé, qui énoncent les charges et dommages qui les atteignent directement.

Les peuplades de l'Ouest avaient d'ailleurs été toujours libérales ; il fallut pour faire prendre les armes aux Bretons que l'oppression bouleversât leurs propres consciences et leurs foyers.

Tombé aux mains des Bleus, en janvier 1794, d'Elbée, torturé pendant cinq jours, répondit à un interrogatoire insultant par cette déclaration remarquable : « Je jure sur mon honneur que, bien que je préférasse un gouvernement monarchique, j'eusse vécu en citoyen paisible sous tout gouvernement qui eût assuré ma tranquillité et le libre exercice de ma religion. » C'est ce que l'on pensait en Bretagne et en Vendée.

« Le régime féodal, écrivait M. Thiers dans son *Histoire de la Révolution*, s'était empreint en Bretagne d'un caractère tout patriarcal, et la Révolution, loin de produire une réforme utile dans ce pays, y blessa les plus douces habitudes et y fut reçue comme une persécution. »

L'enrôlement forcé, qui ménageait les villes aux dépens des campagnes, acheva l'irritation ; les paysans, convaincus qu'on voulait les mener à la boucherie, répondirent : « Autant vaut mourir chez nous. »

Ce sentiment s'ajouta à la persécution religieuse : la loi du 26 août 1792 ordonna la déportation des prêtres réfractaires.

Le 3 octobre 1791, la municipalité de la paroisse de Saint-Gravé, composée de Guillaume Quiban, maire, Pierre Robin, Guillaume Dufraiche, Jean

Jounaux, Joseph Caudar, Jean Boissel, auxquels s'étaient joints des notables, G. Bellavoir, Pierre Naël, René Denizet, Diguet, Pierre Dugué, procureur de la commune, Pierre Hallier, s'est réunie pour entendre annoncer que les électeurs dù district de Rochefort devaient s'assembler pour remplacer le recteur non assermenté, et que, si le remplacement avait lieu à Saint-Gravé, ce serait un grand malheur. Tous ont dit la même chose et ont ajouté : « Nous sommes redevables de la paix, de la tranquillité et de l'union dont nous jouissons, à Messieurs notre recteur et curé ; c'est pourquoi nous désirons les conserver. C'est notre vœu et celui de tous les habitants de Saint-Gravé.

Ainsi, par la délibération de ce jour, nous prions Messieurs les Administrateurs du Directoire du district de Rochefort, et surtout M. le Procureur syndic de prendre en considération notre demande auprès de Messieurs les Electeurs, afin que nous n'éprouvions pas le malheur que nous craignons ; d'ailleurs aucune raison n'exige de remplacement à Saint-Gravé ; au contraire, il est de l'intérêt du gouvernement de nous laisser nos pasteurs, qui ne cessent de nous prêcher la soumission aux lois par leur exemple et leurs instructions. »

Malgré ce vœu, les habitants de Saint-Gravé ne purent conserver leurs prêtres, car nous lisons dans le procès-verbal de la séance du Conseil municipal du 16 septembre 1792, que la municipalité a délivré deux passeports à M. Pierre *Le Thiec*, curé de Saint-Gravé, et à M. Jean Huit, vicaire, pour aller en Espagne. — Sur 80 prêtres environ du district de Rochefort, 4 seulement prêtèrent serment à la Constitution civile du clergé.

Pendant que nous en sommes aux délibérations du conseil municipal , il est intéressant de citer la suivante. du 22 septembre 1793, adressée aux citoyens administrateurs du district de Rochefort, séant à Malestroit.

« En l'assemblée de la municipalité de la communauté de Saint-Gravé, où étaient les citoyens Julien Piogé, maire, Olivier Leborgne, Pierre Naël, Guillaume Dufraîche, Guillaume Quiban, officiers municipaux, Pierre Dugué, procureur de la commune, présent , — Citoyens administrateurs , nous vous prions instamment de vouloir bien avoir la bonté d'étendre vos vues sur le décret du 23 juillet 1793, qui ordonne qu'il ne sera laissé qu'une cloche par paroisse. Citoyens, nous sommes privés de toutes les nôtres, qui ont été enlevées par la municipalité de Malestroit, le 28 mars 1793, par le citoyen Jacques Philippo, officier municipal.

C'est pourquoi, citoyens, nous réclamons de vous justice ; nous vous prions de vouloir bien nous en faire remettre une, qui puisse se faire entendre dans l'étendue de la paroisse. »

Le 18 avril 1793, la municipalité s'était réunie pour le tirage au sort et la levée d'hommes fixée à six hommes pour la paroisse de Saint-Gravé par le Directoire du district de Rochefort.

De même, le 3 novembre 1793, la municipalité invitée à fournir une levée de six chevaux, de 4 pieds 6 pouces, répond qu'après l'inspection et le toisé de tous les chevaux de la paroisse, il ne s'en est trouvé aucun de la taille exigée, et même de 4 pieds 4 pouces.

Le 22 ventôse, an II de la République, l'agent national du district de *Roche-des-Trois*, *Le Clainche*, demandait par lettre l'argenterie de l'église de Saint-

Grave ; la municipalité se réunit le 4 germinal, puis le 6 germinal, et le 8 germinal, pour voter l'envoi de ladite argenterie, composée du soleil, du ciboire ; « le calice du recteur, celui du curé perdu, étant à la disposition des prêtres, nous n'en avons pas la charge; mais, après avoir cherché lesdits effets, nous n'avons pas trouvé lesdits calices. »

Le 7 prairial, an II de la République, la municipalité se réunit de nouveau pour répondre à la demande faite par les administrateurs du district de Rochefort, « de conduire à *Roche-des-Trois*, le plomb et le cuivre de l'église, savoir : deux croix de cuivre, dont une soufflée d'argent, une lampe de cuivre, un encensoir, un bénitier. »

Le 3 messidor an II, on trouve une nouvelle demande d'envoi à Roche-des-Trois des cordes des cloches, des ferrements, d'un état de l'actif et du passif, de la réquisition des cochons, du tableau des chiffons.

Le même Le Clainche, agent national, envoyait, le 29 messidor an II, une réquisition de la prairie du Brossay, pour être pâturée par les chevaux de la République, exigeant qu'aucun bétail n'y entre. Le citoyen Gicquiaux était nommé garde-magasin du Brossay, pour le gouvernement.

C'est à contre-cœur que la municipalité de Saint-Gravé exécutait les ordres du District de Rochefort, la délibération suivante en est la preuve :

Liberté, Égalité, Humanité, Justice :

Gravé, neuf ventôse, 3ᵉ année républicaine.

Au citoyen administrateur et agent national du districtdeRoche-des-Trois,départementduMorbihan.

Le maire et les officiers municipaux, l'agent national et greffier de la commune de Gravé, vous exposent, citoyen, que depuis cinq ans que nous sommes dans les charges de la municipalité, sans avoir été remplacés, quoique les décrets citent qu'il doit y avoir un changement tous les ans ; en conséquence, nous vous prions instamment, citoyen, de nous remplacer dans le plus court délai, ou sans quoi nous n'existerons pas davantage. Il y a assez longtemps que nous sommes obligés à quitter nos travaux pour agir aux affaires de la commune, attendu qu'il y en a d'autres dans le commerce capables de nous remplacer, et vous ferez justice.

> Signé : J. Piogé, maire ; Olivier Le Borgne ; P. Dugué ; G. Dufraîche ; Gautier, secrétaire-greffier.

Ces citations nous ont fait laisser de côté les événements qui ont signalé les débuts de la Révolution dans le canton de Rochefort ; il est temps d'y revenir.

Le mouvement commença en mars 1793, et une de ses premières manifestations fut l'échauffourée de la Roche-Bernard, où *Joseph Sauveur*, justicier impitoyable envers les prêtres réfractaires, fut tué par les paysans ; la Convention donna à la Roche-Bernard le nom de *Roche-Sauveur*, président du District, avec lequel périrent :

Lefloch, du Cosquer, procureur syndic ;

Lefloch Lahéchaie, aîné et cadet, neveux du précédent ;

Galland, gendarme, à la résidence de la Roche-Bernard ;

Gabriel Lubin, brigadier à la résidence de Muzillac ;

François Bertho, gendarme   id.

Girard, gendarme   id.

Lamarre, sergent; Amelin, Robillard, Piel, Poireaux, Col, Vibaux, Gallais, Brunet, fusiliers du 109e régiment.

Rochefort fut occupé par les paysans, le 16 mars 1793, et trois bleus payèrent de leur vie leur ressentiment :

Lucas, jeune, administrateur du district ;
Duquèro, secrétaire du district ;
Denoual, chirurgien à Peillac.

Ce fut la raison de la nouvelle appellation de *Roche-des-Trois,* que prit Rochefort. La veuve Duquèro reçut un secours provisoire de 600 livres.

Par arrêté des représentants du peuple , *Malliaud* et *Guermeur.* du 1er mai 1793, il fut accordé à la veuve *Denoual* un secours de 50 livres.

Sur les observations des administrations des districts de Roche-des-Trois, la Roche-Sauveur et Pontivy, l'administration ordonna, par son arrêté du 16 septembre 1793, que, dans chaque district, les communes qui seraient reconnues par l'administration du district comme ayant participé à la révolte, seraient provisoirement tenues de contribuer, au marc la livre de leurs cotes d'habitations, aux sommes réclamées et adjugées aux citoyens victimes de la fureur des révoltés, sauf le recours de ces communes vers les auteurs des troubles. Saint-Gravé fut frappé d'une imposition de 4000 livres. Les blancs ayant gardé Rochefort en leur pouvoir, l'administration fit marcher contre eux toutes les forces qu'elle avait à sa disposition, lesquelles durent se replier. Renforcés par les secours qu'ils reçurent du Finistère , les Républicains eurent enfin le dessus le 27 mars et se portèrent ensuite sur *Roche-Sauveur*, accompagnés des co mmissaires *Lucas* et *Chaignant*.

Des massacres s'en suivirent, on arrêta les suspects, on enleva des églises les cloches qui ralliaient les chouans, dont les principaux chefs étaient, dans le district de Rochefort, *Montmejan* et *Chevalier*.

Leur tête fut mise à prix ; 600 livres furent promises à celui qui livrerait le premier, 300 livres à celui qui saisirait le second. *Chevalier* fut pris à Carentoir, jugé par une commission militaire et mis à mort.

Maîtres de Rochefort, les républicains n'eurent rien de plus pressé que d'en démolir le château ; ce travail, fait du 18 avril à la fin de mai, coûta à l'administration 1364 livres, 7 sols, 6 deniers (compte de l'administration du département du Morbihan pour l'année 1793).

Le 7 avril Rochefort fêta sa délivrance.

En septembre 1793, les administrateurs composant le Directoire du District de Rochefort étaient les citoyens *Geslin, Jonan, Tallé* ; le receveur, *Guillotin*.

Au commencement de 1794, l'agent national du district était *Leclainche*, qui écrivait dans les termes suivants à la municipalité de Saint-Gravé, le 22 nivôse an II :

« Citoyens, tous les Français se hâtent de venir au secours de la patrie, toutes les communes offrent l'argenterie de leurs églises ; mais, dans votre district, nous n'en comptons encore que deux qui se soient débarrassées de ces hochets superstitieux. L'influence des mauvais citoyens est cause du retard où nous nous trouvons ; ils dirigent les municipalités, et se servent du prétexte religieux pour arracher à une patrie qu'ils détestent une ressource conséquente. Oui, citoyens, je dois vous le dire, ces hommes sont de véritables ennemis de la république, et soyez assurés que celui qui vous détourne de faire porter à la monnaie l'argenterie qui vous reste, est un contre-révolutionnaire, dont il faut délivrer la société. S'il vous parle de religion, ce n'est que pour vous séduire ; il ne sacrifie pas à une idole aujourd'hui sans autel.

Son but, son seul but est de traverser la marche de la Révolution ; et si, pour y réussir, il suffisait de renier l'être qu'il dit adorer, vous le verriez, ce qu'il est dans le fond, un déiste décidé.

C'est à moi, citoyens, à vous démasquer les scélérats : c'est à moi à vous en débarrasser, et en voici les moyens : aussitôt la réception de la présente, je vous prie et vous requiers de vous assembler extraordinairement, et de prendre en considération l'envoi à la Monnaie de l'argenterie qui vous reste. Vous distinguerez dans votre délibération les noms et demeures de ceux qui auront voté contre. *Démasquons tous les caméléons*, et forçons-les de concourir avec nous au bien-être de notre chère patrie ; qu'une pareille tâche est douce à remplir pour des républicains ! Je charge votre responsabilité de m'accuser réception de la présente ou de m'envoyer sous huitaine la délibération qui en doit être la suite.

Signé ; LECLAINCHE.

Cette lettre, d'un style si emphatique, eut pour effet l'envoi à Rochefort du saint ciboire et de l'ostensoir, ainsi que nous l'avons vu dans les délibérations des 4, 6 et 8 germinal. La belle et riche croix d'argent de 1664 se trouva heureusement soustraite à cet envoi, et cachée dans cette circonstance difficile.

Nous ne reviendrons pas sur les détails déjà donnés du sort que subirent pendant la Révolution les églises, chapelles, châteaux, etc. Mais il semble utile de dire quelques mots sur l'administration des *biens nationaux* pendant ces tristes jours.

Par ses décrets des 23 et 28 octobre 1790, l'Assemblée Nationale avait désigné sous le nom de biens nationaux :

1° Tous les biens des domaines de la couronne.

2° Ceux des apanages.

3° Ceux du clergé séculier et régulier.

4° Ceux des séminaires diocésains.

Des décrets postérieurs (1791, 1792 et 1793) y ajoutèrent :

1° Les biens des fabriques.

2° Ceux des fondations établies dans les paroisses.

3° Ceux des collèges, séminaires-collèges, retraites et tous établissements destinés à l'enseignement public.

4° Les biens des hôpitaux, maisons de charité et établissements destinés au soulagement des pauvres.

5° Ceux de l'ordre de Malte et de tous ordres religieux militaires.

6° Les biens des émigrés (décret de l'Assemblée Nationale du 9 février 1791).

Les biens immobiliers vendus et à vendre dans le département du Morbihan furent évalués en capital à la somme de 10 millions, suivant les états de valeur approximative fournis en 1791 par les 9 districts.

La perception des revenus nationaux était attribuée aux préposés de l'enregistrement, par le décret du 19 août 1791, et les corps administratifs étaient chargés de la surveillance. Les receveurs de district ne percevaient que l'intérêt du prix dû des ventes d'immeubles.

La loi du 1ᵉʳ février 1793 exigea des municipalités les États de consistance des biens des émigrés ; un article de la loi du 28 mars 1793 accorda à tout citoyen qui fera connaître des biens d'émigrés, qui auraient été recelés ou omis dans les listes, la dixième partie de ces mêmes biens.

Dans le district de Roche-des-Trois, le revenu annuel des biens des Emigrés se montait à 69.728 livres.

Dans les Archives du Brossais se trouve une liste des biens des Emigrés mis, dans le département du Morbihan, sous la main de la Nation, en exécution du décret de l'Assemblée Nationale du 9 février 1791, pour être administrés conformément à la loi du 8 avril suivant.

Cette liste, imprimée à Vannes chez L. Bizette, place de la Réunion, est signée des membres du Directoire :

Esnoul, *président.* Lefebvrier, Lehohíc, Lucas, fils, Danet, aîné, Lebouhelec, fils, Boullé, cadet, Poulliquen, *administrateurs ;* Gaillard, *procureur général syndic,* Baumart, pour le *secrétaire général.*

Elle comprend, pour Saint-Gravé, la terre du *Brossais,* dont le sieur Briend est régisseur, à l'émigré de *Mallier de Chassonville,* qui avait aussi des biens dans Malansac, Peillac, Saint-Marcel, Saint-Congard et Pleucadeuc.

L'émigré Freslon de la Freslonnière, demeurant

à Rennes, avait également des biens à Saint-Gravé ;
il en est de même de l'émigré de Castellan, de l'émigré Guillards Desaulnays.

Sur la liste des émigrés possédant des biens dans le district de Rochefort établie par le Directoire en 1793, nous relevons les noms suivants :

Beauchêne, de Sarzeau, possédant des biens . . . . en Questembert, Larré, Limerzel.

Budes, frère . . . . en Missiriac.

Bedée, dit Vice de loup . . . . en Molac et Pluherlin.

Bègasson, dit Lalardais . . . . en Pleucadeuc et Carentoir.

Carné de Trécesson . . . . . en Questembert.

Couëssin, dit Delherhaude . . . en St-Gorgon et St-Vincent.

Castellan, aîné . . . . en Peillac, St-Perreux, St-Gravé, St-Jacut, Pluherlin, St-Martin, La Gacilly.

Castellan, cadet . . . . . . en St-Marcel et Bohal.

Chérel de la Rivière . . . . en Caden.

Cornullier (intéressé dans les forges de Paimpont) . . . . . . en Questembert.

Dubot, dit Dugrégo . . . . . en Saint-Jacut.

Les enfants Dufou dit Bezidel . en Saint-Marcel

De Laruée, père et ses fils . . en Tréal, La Gacilly, Carentoir.

Dubois dit de Saint-Gonan . . en Peillac.

De Rieux (ancien militaire) . . en Glenac, les Fougerais, Peillac.

Dufrèche, prêtre demeurant à Paris en Cournon.

Deforges et sa femme, lieutenant de vaisseau . . . . en Berric et Saint-Perreux.

De Sol de Grissol . . . . . en Questembert.

Duhon de Forsan, possédant des biens . . . . en Pluherlin et St-Marcel.

Fournier de Trélo, conseiller au parlement de Rennes . . . en Carentoir.

Vᵉ Guillard Desaulnaye . . . en Caden.

La demoiselle Gouvello . . . . en Caden.

Guerry, cadet. . . . . en Larré.
Guillards Desaulnaye. . . . . enSt-GravéetlesFougerais.
Gourro de Pommery, militaire, de
    Sixte. . . . . en Carentoir.
Guériff et Lannouan, de St-Nazaire. en Carentoir.
Veuve Guébriant et ses enfants. . en Missiriac.
Huchet de Cintré, de Monteneuf. en Tréal.
Huchet de Labédoyère. . . . . en Saint-Jacut.
Justel, Julien, domestique de St-
    Martin. . . . . en Saint-Martin.
D^lle Lebrun, ayant son père, de
    Vannes. . . . . en Questembert.
Lalandelle, père, les deux fils et
    trois sœurs. . . . . en Peillac.
Labourdonnay, fils aîné. . . . enCarentoiretlesFougerais.
Ledouarain de Trévelec, aîné. . . en Saint-Martin.
Labouexière, officier de marine. . en Carentoir.
Lemétayer du Pourpris. . . . en Questembert.
Lemaintier Lehellec, cadet . . en Malansac.
Lamotte Beaumanoir, de Dinan . en Carentoir.
Lahoussais, fils, de Redon. . . en St-Martin et les Fou-
                    gerais.
Latouche-Quedillac. . . . . . en Carentoir.
Marnière de Guer, de Guer, ex-
    président au parlement de Rennes. en Pleucadeuc et Molac.
Femme Potiers de Gèvres, possé-
    dant des biens . . . . . . en Saint-Dolay.
Pont-Carré, ey-président au parle-
    ment de Rouen. . . . . . en Questembert, Larré,
                    Molac, Pluherlin.
Quifistre de Bavalan, de Vannes. en Berric.
Rado, frères, de Carentoir . . . Glénac.
De Rieux. . . . . en Peillac.
Saint-Pern . . . . en Saint-Marcel.
Serrent, ci-devant maréchal de camp en Missiriac.
Saint-Pierre, fils, dit Lempereur . en Questembert, Malan-
                    sac, Pluherlin.
Lestourbillon. . . . .
Viel, femme d'Argence . . . . en Allaire, Malansac, Plu-
                    herlin.

L'orthographe des noms compris dans cette liste a été scrupuleusement conservée.

Sur une liste supplémentaire d'émigrés, signée le 7 germinal an II par *Dubreton*, président, *Rio*, *Marcel*, *Ernous*, *Haumont*, *Destouches*, *Degatine*, jeune, *T. Couët-dihuel*, administrateurs, et *Chapaux*, secrétaire général, nous relevons les noms des émigrés ci-après :

Boyer, vicaire à Saint-Jagu, possé-
dant des biens . . . . . . en Saint-Jagu et Peillac.
Briend, Noël, prêtre. . . . .
Collet, René, prêtre à Bains. . . en Saint-Perreux.
Coué, dit Latouche, prêtre à
Vannes. . . . . en Molac.
David, Antoine, curé, à Malansac. en Berric.
Dudoué, Vincent, prêtre à Ques-
tembert. . . . .
Deslandes, Olivier prêtre à Ques-
tembert, possédant des biens. . en Questembert.
Eon, curé à Limerzel. . . . . en Limerzel.
Gueheneuc, Joseph, vicaire à Saint-
Martin. . . . . en Peillac.
Germinal, prêtre à Bains. . . . en Peillac.
Gueheneuc, curé à Saint-Pierre de
Vannes. . . . . aux Fougerais.
Guillouzic, prêtre à Questembert. en Caden.
Houeix, Pierre, curé des Fougerais. en Peillac et aux Fougerais.
Hémery, René, prêtre à Allaire. . en Allaire.
Havard, Mathurin, prêtre à Muzillac. en Missiriac.
Jamet, Pierre, curé de Lizio. . . en St-Marcel, et Missiriac.
Jamet, Augustin, vicaire à Larré. »
Lucas, Joseph, prêtre à Molac. . en Pleucadeuc.
Lebreton, Mathurin, curé à Pleu-
cadeuc. . . . . en Pleucadeuc.
Laurent, Jean-Marie, curé aux Fou-
gerais. . . . . père et mère à St-Laurent.
Lenormand, Jean, curé à Larré. . en Pluherlin.
Marchand, Joseph, curé à Malensac. en Allaire.
Monnier, prêtre. . . . . . . en Saint-Jagu.

Méhat, Joseph, prêtre à Questembert en Saint-Jagu.
Madouas, Jean, vicaire à Questem-
    bert. . . . . en Questembert.
Magreix, Louis, prêtre à Questem-
    bert. . . . .   »
Mouro, Athanase, prêtre à Ques-
    tembert. . . . . . . en Questembert.
Minié, vicaire, à Limerzel. . . . (a été pris et guillotiné).
Penhaleu, prêtre à St-Dolai. . . en Peillac.
Pucelle, prêtre à Saint-Jagu, pos-
    sédant des biens. . . . . en Peillac.
Picard, Joseph, curé de Radenac. en Bohal.
Pichon, Augustin, vicaire à Molac.
Poissemé, Mathurin, prêtre à Molac.
Rivière, curé de Lantillac. . . . en Peillac et Saint-Vincent.
Robert, Joseph-Pierre, vicaire à
    Cournon. . . . .
Servais, René, prêtre à Molac. .
Thomin, Mathurin, vicaire à Ma-
    lestroit. . . . . en Missirac et St-Marcel.
Trégoumard, noble . . . . . en Allaire.
Thomin, Joseph, vicaire à Redon. en Missiriac et St-Marcel.

Sur une autre liste supplémentaire, du 7 prairial,
nous relevons les noms de :

Grayo, vicaire à Péaule, possédant
    des biens. . . . . . . à Questembert.

Enfin, sur une dernière liste, signée le 30 brumaire
an III, par Thomas *Coëtdihuel*, président, *Bigarré*, J.
Lauchon, L. *B. Arnous*, administrateurs, nous trouvons :

Dupuis-Montbrun, dit Montméjan,
    chef de brigands. . . . . en Carentoir.
Dubot, veuve Juchault dit de l'Orme. condamnée à mort le 8 flo-
                            réal, à Nantes.
Guillermo, de St-Philibert . . en Carentoir.
Hervé, François, tanneur à Rochefort Rochefort.

Hélard, François, vicaire à Béganne, en Caden.
Hélard, Honoré, curé à Béganne, en Caden.

Cette liste, un peu longue, prouvera le grand nombre de prêtres qui ont refusé de prêter serment.

Outre ceux qui émigrèrent, beaucoup d'autres furent enfermés à la citadelle du Port-Louis, où ils restèrent un an, pour être ensuite, en 1794, déportés à Rochefort.

La maison de la retraite des femmes à Vannes servit de prison à un grand nombre, depuis septembre 1792. La loi des *Suspects*, du 12 et du 16 août 1793, fut exécutée avec rigueur dans le Morbihan ; chaque ville eut une maison d'arrêt pour les nobles, les religieuses, les parents des émigrés. L'*Histoire du diocèse de Vannes*, par le chanoine Le Mené, donne les noms de ces victimes innocentes de la Révolution.

La Convention trouva pourtant que les administrateurs du Morbihan étaient trop tièdes, et envoya le représentant du peuple, Prieur de la Marne, pour y mettre bon ordre. Il fit mettre en prison les citoyens Gaillard, procureur général syndic, les administrateurs Boullé, Chaignard, Chesnel, Danet, d'Haucour, Dubodan, Dufeigna, Fages, Faverot, Graverand, Lauzer, etc... des juges, des officiers municipaux.

Les agents révolutionnaires du Morbihan avaient cependant donné des gages de leur fanatisme révolutionnaire ; nous avons sous les yeux un jugement du tribunal criminel du département du Morbihan, séant à Lorient, le 6 ventôse, l'an second de la République française condamnant à mort Jeanne-Louise *Champaux*, veuve de Louis-François Sécillon, ancien capitaine d'infanterie, ci-devant noble, demeurant à Trégouët, commune de Bégane, district de La *Roche-Sauveur*. Son crime était d'avoir envoyé à Aucfer, où se réunissaient des *brigands*, du pain, du grain et du cidre, en mars 1793, d'avoir connu *Gardon*, chef des brigands, d'avoir envoyé des fermiers au dit rassemblement, et enfin, d'être ci-devant noble.

Cette condamnation, signée de J.-M. *Raoul*, président, et de L. *Daubin*, commis greffier, fut prononcée par les juges J. Néron, J. Lefur, et A.-M. Brullé ;

Le jugement fut imprimé à l'imprimerie Baudoin, à Lorient, rue du Port, suivi de la copie des art. I, IV, VI et VII de loi du 19 mars 1793 et de la loi du 5 juillet 1793.

Le citoyen *Rio* fut nommé président de la nouvelle administration du Morbihan.

L'Église catholique continua d'être persécutée, mais maintint avec une fermeté inébranlable l'intégrité de la foi ; elle compta plusieurs martyrs.

M. Olivier *Le Pellic*, prêtre à Bubry, se tenait caché dans le pays, pour remplir son ministère ; il fut découvert, traduit devant le tribunal criminel de Lorient, condamné à mort comme réfractaire, et exécuté le 11 décembre 1793, à l'âge de 39 ans.

M. Julien-François *Minier*, né à Limerzel, où il était vicaire, comparut devant le même tribunal, le 10 janvier 1794 ; il fut condamné à mort et guillotiné immédiatement. Peu après Marie Le Normand, veuve Caudart, de Malansac, et Jean Desgrées, secrétaire de la municipalité de Limerzel, furent condamnés à la déportation, pour recel de prêtres ; il en fut de même de Joseph Morice, cultivateur à Pluherlin.

M. René *Servet*, prêtre à Molac, sa paroisse natale, fut condamné à la réclusion, le 11 février 1794, et non à mort, étant âgé de 65 ans.

Nous voilà entraînés bien loin de l'histoire particulière à Saint-Gravé, mais nous avons tenu à rap-

peler ici le nom de ceux qui ont payé de la mort, de
la déportation ou de l'exil leur attachement aux
principes dans lesquels ils furent élevés. Le district
de Rochefort a eu une grande place dans cette énu-
mération de martyrs, et il nous a paru utile de citer
ces nobles exemples à une époque où la religion est
de nouveau persécutée par un gouvernement sec-
taire.

La Terreur se ralentit au commencement de 1795,
et les prêtres cachés commencèrent à célébrer pu-
bliquement la messe, mais les condamnations et
exécutions reprirent à la fin de cette année, sous le
Directoire.

Le tribunal criminel, transporté de Lorient à
Vannes, au commencement de l'année, avait pour
président le citoyen *Chesnel* ; pour juges, les citoyens
Fabre, Le Meur, Le Blanc et *Mancel* ; pour accusateur
public, *Lucas.* M. Yves *Le Manour*, prêtre de *Lan-
guidic*, fut condamné à mort, le 31 décembre 1795 et
exécuté à Vannes sur la place du Marché.

En 1796, des colonnes volantes, pillant le pays,
tuèrent 8 prêtres, dont elles découvrirent la retraite.
Un jeune diacre de Ménéac, Jean Gaudaire (de la
famille du R. P. Gaudaire, supérieur général des
Eudistes, fut tué dans le champ des Roches-Blanches.

En 1797 et 1798 eurent lieu plusieurs envois de
prêtres du Morbihan vers la Guyane, où beaucoup
moururent de misère et de maladie.

En janvier 1799, M. Michel, prêtre de Malansac,
meurt en Espagne ; on se borna à déporter à l'île de
Ré les prêtres arrêtés.

Sous le Consulat, qui remplaça le Directoire en
novembre 1799 (18 brumaire an VIII) l'insurrection
royaliste prit un nouvel essor, sous l'impulsion de

Cadoudal, qui, en octobre, avait pris *Sarzeau*, pendant que Desol de Grisolles s'emparait de Guérande, de La Roche-Bernard et de Redon. Enfin la paix fut signée avec le général Brune, le 12 février 1800.

La loi du 17 février 1800 supprima les districts qui furent groupés en arrondissements ; la religion catholique commença à respirer, et le 26 messidor an IX (15 juillet 1801) fut signé le *Concordat*.

Le 27 décembre 1801, on remonta une cloche dans le clocher de l'église de Saint-Gravé.

Mgr de *Pancemont*, du diocèse d'Autun, fut nommé évêque de Vannes le 9 avril 1802 ; le 13 septembre 1802, il publia un mandement contenant la liste des paroisses érigées, et le tableau des recteurs nommés. Il créait 37 cures ; il reconstitua les communautés religieuses, en commençant par les sœurs hospitalières. Il eut pour successeur Mgr de Bausset.

Le 17 floréal an IX (8 mai 1803) le Conseil municipal écrit au général *Julien*, préfet du département du Morbihan, pour lui demander la révocation de Gautier *Hallier*, maire de Saint-Gravé depuis 1794, « qui ne donne pas au Conseil la liberté de délibérer pleinement, et l'a inculpé en disant qu'il n'y avait dans la commune personne en état de remplir les fonctions de maire. »

Cette délibération est signée de Sébastien Danet, adjoint, G. Dufraîche, Guillaume Le Nuet, Jean-Louis Tertre, F. Morice, Salomon Plormel, P. Rio, Joseph Crété, Jean Hémery, Olivier Niol, Hallier, maire, Gautier, greffier. — Hallier resta maire jusqu'en 1808, époque à laquelle il fut remplacé par Pierre Dugué.

Une délibération du 14 messidor an IX vote huit cents francs pour l'ameublement du presbytère, et une somme annuelle de 400 francs pour supplément au traitement du desservant ; elle exprime en même temps le vœu que le « desservant puisse jouir des anciennes dépendances du presbytère, qui consistent en un pré, un verger et une pâture, faisant observer que le tout, y compris la maison curiale, et le jardin, même une petite chapellenie destinée ci-devant au prêtre qui disait la messe du matin, et qui ne consiste qu'en une maison et deux petits prés, n'est affermé que 120 francs. »

Le 3 février 1811, le conseil municipal de Saint-Gravé, composé de P. Dugué, maire, G. Dufraîche, adjoint, Olivier Niol, Guillaume Quiban, Julien Bertau, Joseph Crété, Jan Moisan, Jean-Louis Terte, François Guillaume, Gautier, est d'avis d'acheter l'ancien presbytère, s'obligeant solidairement à fournir aux vendeurs le premier paiement, qui est le cinquième du prix existant, pour le 1er mars 1811. Les détails relatifs à l'acquisition du presbytère et de la chambre neuve (chapellenie de Saint-Denis) en 1817 ont été donnés à l'article *Presbytère*.

Les maires de Saint-Gravé ont été, après *Dugué*, qui donna sa démission en 1826 :

Guillaume Malabeuf, 1826-1837.

Pierre Dufraîche, 1837-1848.

Paul de Kerdrel, 1848-1850, démissionnaire étant député.

Jean-Marie Malabeuf, 1850-1857.

Louis Diguet, 1857-1875.

Paul de Kerdrel, 1875-1889.

François Houix, 1889-1904.

Général de Kerdrel, 1904-

MONUMENTS CELTIQUES — RUINES ROMAINES

Il y a un *dolmen* dans .le bois de la Garenne de Cancouët, au nord-ouest de l'ancien château. Il est encore bien conservé, bien qu'une des pierres qui le recouvrent ait un peu glissé.

Les vestiges de deux autres dolmens se voient près de la Haye. En outre, on découvrit en janvier 1873, au nord-est de la ferme, un tumulus oblong de 1ᵐ50 d'élévation, au point culminant duquel on observait les sommets de deux pierres de granit Les fouilles opérées mirent au jour un cercle formé par 14 grandes pierres de granit posées presque toutes sur le côté ; au milieu de ce cercle étaient deux menhirs de 1ᵐ 75 de hauteur.

Une rangée de menhirs formait une allée vers l'est. Ce monument est un *cromlec'h* ; on y trouva des cendres, des charbons, puis un *celtæ*, long de 5 centimètres, qui est au Brossais.

Ce cromlec'h a dû recevoir la dépouille mortelle d'un homme considérable en son temps.

Les menhirs étaient nombreux sur les landes de Lanvaux et de Bréhon ; une partie d'entre eux a disparu, et a été utilisée pour des travaux tels que l'écluse de la Bauche, sur le canal de Nantes à Brest.

On trouve des ruines romaines entre la Haye et Cancouët, à l'endroit appelé *La Miterne* ; les briques y sont assez répandues.

Tout près de Bréhon, mais dans la commune de Peillac, est le bois de la *Chauvaille*, appartenant à M. de Kerdrel, qui contient un retranchement romain, dit le *Camp romain*, de 200 mètres de long sur 70 mètres de large ; les fossés, les entrées du camp sont encore très visibles. On ne sait à quelle époque il a pu être établi.

TABLE DES MATIÈRES

Vannes. — Imprimerie LAFOLYE Frères.

www.ingramcontent.com/pod-product-compliance
Ingram Content Group UK Ltd.
Pitfield, Milton Keynes, MK11 3LW, UK
UKHW022133070726
13613UKWH00003B/1340